Juan Guerrero Fraile

Fuentes del Río Tributario

Poesía

2024

Hay dos maneras de perderse: por segregación amurallada en lo particular o por dilución en lo "universal". Mi concepción de lo universal es la de un universal depositario de todo lo particular, depositario de todos los particulares, profundización y coexistencia de todos los particulares.

Aimé Césaire

Para Betsy, Sara y Fer

Perdón a Sarah Baartman

He aquí las manos
que van trayendo solas
el golpe de la brisa,
somos algo que anida en el viento
como jirones apegados a un cardón
(Euphorbia)
—atardecer de ola que nos exprime—
deliraste por la fuerza y su báculo
gavia desde la cual divisamos
la honda gravedad del mar;
no soy el gesto de las ninfas
ni del aire sus cansadas voces,
crepitando, doliendo, ardiendo,
eres Sarah, mil leguas de ríos
vertidas a raudales en nosotros.

Oí en tus gritos un gemido hosco
agrietando la calzada del mundo
ébano que dejas sin fuego al temblor;
somos un hálito venido de lejos
comprado con el sudor de los caídos,
un ardor de estómagos inermes
forzados a oler hiel y efedrina.

¡Oh martirio! Que revelas
el rostro cínico de los hombres

aguardando la sed de algún dios,
cuando el frío toca los abecedarios
desgastados entre las tierras del norte,
trasiego mi cuerpo en cada milano negro
(*Milvus migrans*) viajando en bandadas
a través de Gibraltar como argonautas
desafiando los embates del Harmatán,
forma en que nuestro periplo acaba
cerca del monte, donde yaces dormida.

Eres diáspora entre la bruma africana
un continente cada parte de tu cuerpo.

La religión de un dios chovinista
emergió del averno cáustico
habitando casas cuyas paredes
lamentan el estallido de la bomba,
o cuando esos hombres envilecen
hablando de sus horas y sus dientes,
—cueros puestos al sol para curtirse—
estoy sediento y arde una llanura
con mil escollos que son venas
nuestra sangre no dista de la tuya.

Gimo a la luna como jaspe que ondea
sobre la lechosa luz en un cuadro
de Bellermann,
intento sentir el frío que habita
dentro del paisaje olor a trementina;
más allá del polvo y con el polvo
arrastrado sobre el rostro de lo ambiguo
quedan letras por escribir en tu epitafio.

Asaltado por un triunfo de cigarras
arde el sabor de la sal en tu corazón,
tosca raíz arrancada de Eastern Cape
rugiendo siglos antes que el rugido
de Mandela.
Somos un enjambre de Sarah Baartman
mutilados por la única razón de ser;
sable cobarde esgrimido, impúdico
vomitado por acólitos circenses
reunidos en el eructo de la gula,
marasmo mental lacerando
toda sensación humana:
allí donde la tierra es arrebatada
no hay niñas ni hombres labrados,
ni perlas con dirección hacia la dicha
ni la caricia en el cuerpo del finado,
heredamos de la hiel su paso torpe
bocanada latigante surgida ipso facto.

A medio espacio entre luz y vacío
tiemblo con la dádiva del verdugo
sensación que asola y exprime
esa nuez en el centro del pecho
—tu corazón es una marisma—
me descubro gregario como un pólipo
y en medio del erial yace tu dolor,
con la fuerza de una bestia he de trizarlo
para hacerlo antes del alba un dolor nuestro.

Seres abyectos con rostro de lamprea
cagan un grito que los hace libertarios,

jinetes sobre el lomo del cinismo
exegetas hediondos regurgitan sobre sí
libros y poses en actitud maniquea
miles de yoes arrojados al légamo;
deseo que el mundo sea una flor amarilla
asomada tímidamente entre el asfalto.

Perdona al mundo Sarah Baartman
muchos nacimos en tu día mutilado,
desde entonces el corazón es un monzón
humedeciendo nuestro delta de sangre,
genes que son islas solitarias mirando
desde el fondo del alma como perro triste,
juzgando lo que soy, lo que somos;
perdona por no haberte acariciado
me pesa tu horror, tu disecado sexo.

Y no hay invierno en el que
no emigremos hacia el sur
sobre el ala del milano negro,
y día que no sepamos ver
quienes somos a través de tu silencio.

Sarah:
mujer humana de humanidad irrefutable.

Río tributario

Desde el interior del cacaotal
llegan ráfagas —la ley del verano—
y su paso entre hilera e hilera
entumece la palabra en los ojos:
es la hora en que regresan flores
diminutas a tomar estos parajes
en ellos retumban multitudes,
recogen pensamientos apilados,
es sábado el día en el que afilan
sus cuchillos esos hombres,
surcando como chacales
pastos anodinos;

pero nada detiene el gris del mar,
la ausencia es el desgano del tiempo
y de la carne solo importan surcos,
y del ocaso ¿qué es lo que decimos?
el sonido de las caracolas es un himno
a la tiranía pueril de ser domesticado
de ser hechos como un remolino
aplastados con la ira de los otros,
otredad impuesta avasallando:
nos miran artefactos de un naufragio
—rastro de mar que habita y consume—
flor nocturna abierta como un códice;

somos apocalipsis atraído por la ira
un aire torvo colapsa, nos golpea
el centro de nosotros gime, es polen
ciudad amarilla a la cual migramos
ojos dejados, escápulas desnudas,
miles de abejas polinizando surcos,
insomne escultor se hace de tiempo:
yazco en un tugurio, donde un cincel
fornica, come, exaspera, procura,
fenecen las estatuas de los parques
anhelan ser letrinas olvidadas;

estoy llamado al diván nocturno
brota de la entraña el demiurgo,
evito el barro que todo lo tiñe,
río que es sombra y de ella surjo
hace del agua un fecundo cálamo,
alimentada con formas del viento
esta humanidad cuna de todos
como gavilla de una misma vida,
se originan las hojas, los moluscos
semillas que cada tarde se alzan
purificando todas las resinas:
errantes cuerpos en caída libre;

denuncio al látigo y su mano virulenta,
—osada profecía de llanto en los otros—
lengua del mito que dibuja un canto:
porque al «ser humano» somos
negro, aborigen, indio o mujer
por qué al decir «hombre» solo soy eso

asmática pincelada en un marco errante,
muchos somos y nos habitamos moviendo
nuestros cuerpos entre la tierra y el sol,
¿por qué escupen el rostro de una virgen?
¿por qué un árbol muerto vale más
que cien mil árboles vivos?
¿por qué abrazarnos en los museos
y en las plazas bajamos la mirada?
¿por qué un ave enjaulada pierde
el deseo de recobrar su libertad?
y somos museos y somos plazas
y somos calles y vírgenes, palomas
que por letrinas tienen las estatuas
de hombres que son solo hombres
solo frases —osamentas difusas—
un Goliat sumido entre guijarros,
un mundo que finge ser inmenso
tan solo porque sí;

es la espesa tromba del instante
cantar de cigarras que ahora gimen,
un espacio entre ramas taciturnas
azotadas por el viento austral,
fragancias que el álamo busca,
leña aquel segundo que socava,
hace acto el aletazo del cernícalo
se posa sobre la palabra tiempo,
y voy como juntos han de ir
los diluvios, la vaguada oscura
errante como *Alsino* de Pedro Prado;
yacen escondidos gestos de la luz,

croar de ranas sonando en bucle
hayedo emancipador de musgos,
mesa puesta antes que el sol
ágape en forma de crepúsculo,

instante que marca el paso de otro,
—juega entre Rocíos de sol *(Drosera)*—
aire que surca una cintura y un astro
como pólipos jugando hacia la nada,
universo tiembla en tu amarga cópula,
desde sus ojos otros ojos se aquietan
dejan atrás los restos de una hoguera,
cuerpo vernáculo, espacio mío,
es el verso que arropa con cautela
los pasos que hacen de la vida
racimo negro de negra negritud;
desde el cosmos se asoma un labio
ardiente buganvilla se descuelga:
tórrida zona habitada es la manigua
alimenta y nutre cada noche verde
padre y madre en la aguda berrea,
al ocaso tiemblan cimarrones bestias
seres brotando de otros seres
así muestra su epifanía la vida;

somos cada grano de sal (arena fina)
migrando como chacal taciturno,
y suena desde lejos un silbido
tonada que se abre en la llanura,
rayo lunar filtrado desde la fronda,
camino estelar, oda al cosmos

delirante voz arde sobre el monte
mi oído, descansa en el chasquido
el mirlo está trinando para alguien,
corzo, almizcle, zumo de grosella
¡es un coro el latir de cada cedro!

olor a resina olvidada, trozo de brizna
estoy entre las islas, estas, estuvo
sobre una yegua hacia el delta extraño,
salta en esta hora del alma un surco
y son tierra y alma el acto y la palabra
un corazón apegado como rémora
fijando la mirada entre dos aguas;

¡oh cómo hacerse con la dicha!
ramadán tardío en una loca isla,
esclavo hecho de cuero galopante
hace del tambor una fruta loca
desde Congo o sobre fynbos del cabo
arropado por reinos florales, gimes,
meces la brisa que trepa las acacias
entre los barrancos tu lamento aprieta;
¿de dónde viene el primigenio amor?
corriente que impulsa a los navíos
con su velamen que todo lo quiebra,
el tiempo, hace del compás una batalla
y estás en medio de todo lo vivido:
sobre mercancías robadas en la bruma
un cacique muestra su país en ruinas
¿qué eres sino un ser de alabastro?
peldaño que gotea sangre mancillada,

entre las raíces, desde el púlpito
erigido en una gota, no hay instante
para habitar desde tu hondura,
muy al fondo abres los pistilos
flor fractal de todos los espacios;
galeones como cuartos sobre las olas
llegan dormidos esculpiéndo la sal
¡tú estás sobre el viento del estío!
llamas bromelia al aire respirado,
desde tus venas un árbol flamboyán
enraíza la tierra expoliada, arrebatada
avasallada por la hueste del relámpago
lugar que existe olvidando tu nombre,
tu oración es un cuadro puntillista
plegaria sobre esa gota que no sabe
si estás dentro del Congo o Zanzíbar;
tu mundo reducido al zumo de una uva
orbe frutal caribeño o mediterráneo,
y nos bebemos a sorbos tu copa
corsario quieto entre sargazos;

he de llegar al tiempo que suaviza,
¿es el cierzo un labio frío? avasalla
estoy mudo, voy a la frente, al ojo
—un lago erecto de orogénesis—
cubierto de esta tierra, el barro cruje,
la conciencia es un jaguar-humano
híbrido abatido, ataviado de líquenes
elevado en la paz de las cigarras;
como brazo verde lleno de marisma
el tiempo sigue confinado en una gota

vestido de rocío coronando esporas,
baja por la médula de los acantilados
esculpe el veneno en la drosera,
instala en la hojarasca un tiempo frío,
esporas como letras del abecedario
¿qué anida en la savia de los chopos?
la inminente soledad de un árbol-niño
—(*Gyranthera*) según Henri Pittier—
arrullado por alisios cimarrones,
besando cada palmo de esta tierra
espuma batida con el golpe del mar;
socavan la luz en el fondo del arce
golondrinas que sostienen tu nombre,
—otra escala de sonidos que surgían—
gavilla de juncos, torcazas y jaguares
¿qué otra cosa sino seres temblando
redactan las sílabas de la manigua?
cimientos biológicos son del petricor
brazos diminutos sobre mis mejillas
en el bosque que amanece repleto
de cocuyos, coleópteros y semillas;

dulce vórtice, matriz de donde surges,
aquel vacío entre el telar y la madeja
origina un cordel en la espesura
y mil eras de repente galopando
sobre jaspe lábil, noctívago errante:
náyades, oréades, ninfas cabalgando
estuarios custodiados por nereidas,
brisa eres un himno impulsando arados,
sombras recubren pastizales pardos,

llanuras intangibles como hienas,
acebos agitados bajo una lluvia antigua
es llamado el «Coro del amanecer»

grazna, rebuzna, trina, aletea la vida
farallones meditando son alfiles del mar
invocan conjuros de infinito tentáculo,
orquídeas descolgadas rozando océanos
acceden sigilosas a la zona tórrida,
todo se aquieta al post acto del trueno
toma el silencio sus finitos espacios
el alma se ejecuta como un río sin odio
guerras bailando al compás del cinismo;
la alegría es una flama más danzante
guía mi mano hacía la mano del otro,
todas las manos tributando a la vida
son guirnaldas por los prados terrestres
y en cada aullido el cóndor se despierta,
es un uróboro pintando cordilleras:
y todo ser juzgado injustamente
camina impávido hacia el patíbulo
—no halla la condena al condenado—
el cieno es a veces una morada triste
y sus habitantes baquianos indolentes
ciegos ante el dolor de los «impíos»
algunos somos pólipos muriendo
cruzamos puentes que surcan la agonía;

¿cómo no curar el cuerpo del herido?
forzado a ser vástago del sueño de otro,
hacia las trémulas horas del ocaso

un chamán exprime el alma con sus versos,
busca el surgimiento ígneo del rugido
decora con algas la pared de su choza:
¿es el cuerpo un tosco umbral de lo divino?
desde que nacemos morimos por los otros
esto nos hace ser nota o pentagrama,
en medio de mí surgen «los otros»
al decir «otros» igual hablo de mí mismo
fino viento expresado en nuestra sangre;
somos choza, océano, chamán y melodía
en latente rebelión de pájaro escondido,
tierra alta en donde surgen los nacientes,
¡raudales de voces que corren cual jauría!
ideas, sentires, pensamientos y prosas
meandros atemporales grabando el paisaje
disputándonos el fuego surgido del oráculo
sombras, signos alimentando al camposanto
y nuevamente el mal juzgado nos advierte
hay veces que la ley desdeña al mudo,
—su cuerpo herido es un pórtico desnudo—
oscuridad que ronda la tierra a medio día,
del desesperado su sardónica sonrisa:
obnubilado bajo designios del deseo
un ser más amplio que yo, es constreñido
está viviendo entre las fosas del vértigo
al colapso del huracán yace su casa
todos le miramos desde la oquedad;

¿cuál efigie acude en el verano eterno?
fina anomalía que hace del sáhara
un cadalso impune, un risco que ora

trenzado de rituales, sombras convexas
idolatrando vastedades de una tierra
agreste el harmatán es un cristal impune
esgrime su rabia entre piel y corazón;
hay noches que son como un tugurio
sin rincones en donde refugiarse,
viento eres testigo de esta era maldita:
un adefesio sublimando su humanidad
arremete a media noche en el poblado
degradando a los seres con ponzoña
¡bayoneta empiezas a escribir tu historia!
hombres y mujeres en una proa oscura
entre cimientos de sentinas putrefactas,
robados, arrancados, expoliados, dolidos
por el efecto de una mano lacerante
atrapados entre dedos escalpelos,
los mitos son una fosa fúnebre
trabajan sin cesar derramando sangre,
el ébano es despojado de su gracia
su energía atrozmente subyugada,
desterradas e insurrectas estan sus voces,
fumigadas de sepulcros, no tañen campanas
queda la evidencia que en «los adentros»
también habitan nauseabundas bestias;
y en sus ojos estaba presente mi Dios
sentado esperando el actuar de sus dioses,
—a veces el corazón es una lápida
lleno de epitafios en la hora aciaga—
iban dejando la tierra sin sus seres
seres perdían la tierra de sus seres,
no hubo guerra porque no lucharon

todo lo derramado fue un río espeso
llenó el aire de olor acre, tiñó letras,
de los cálamos, epopeyas sombrías;
la nave avanzaba hacia la bruma
un grito sordo hinchó sus gavias,
el harmatán ardía con rabia neptúnea,
evitando ahogarse cerraron escotillas
hedor y dolor entre la piel y la miseria:
eran ellos ante la desolación oceánica
maldito navío como caballo de Troya
argonautas hacia un destino incierto
sus pieles esquiladas eran vellocinos
entre ceja y ceja sus ojos se apretaron
asidos al recuerdo de su robada vida,
(en esos instantes éramos con ellos
amasijos de cuerpos en caída libre
muchos nacimos esos días infames)
la barbarie mostraba rostro sarcástico,
morriña horadando un pecho desnudo
calma chicha a mitad del corazón,
rumor salvaje en pleno vacío atlántico
con tanto dolor y el espinazo impávido;
fuera de la sentina no queda cielo en pie
saltan letanías ahogadas entre el estupor:
respirar el fresco olor de las papayas
el mango es un castillo de secretos
las piñas solas entre el matorral nativo
las aves migrando de no sé dónde
las nubes grises oráculos del monzón
aquel banquete de abeja libando
de pasto recién cortado por la hojilla

mano llena de surcos por arar la tierra
—abuela tu rostro es un mapa cuarteado—
mostrando sus ancestrales caminos
emulando los surcos de la tierra
golpes del pilón a mitad del zaguán
agua limpia de voces recordadas
siglos como meandros de culturas
tierra arrancada a golpe de garrote
hecha de mujeres hombres polvo
¡oh inmenso harmatán a pleno océano!
somos bestias atadas líbranos de miseria
¡oh harmatán continúa tu azote de proa!
sigue siendo el oráculo de las sílfides
recuérdame quién soy revélate esta noche
hora en la que invoco a los elementos
he visto el rostro de Dios en el relámpago;

llueve, llueve, llueve, centellea y colapsa
contorsiona el océano su orgasmo salino
en esta hora de miedo nace la alegría
en mí converge la humanidad avasallada
llueve, colapsa, centellea, teofanía de Sémele;
consigo asirme al llanto de los otros
hacerme un ovillo, un sonido único
abren la escotilla y salimos del infierno
podemos respirar sentir el viento frío
apresurados sobre cuerpos sin mortaja,
un pánico de gaviotas a mitad del azul,
he perdido el respeto a la ira de tu Dios
forma propicia de entronar otros dioses,
uno más amplio —hija de los elementos—

amaina de golpe el viento harmatán
moribundo en este mar se llama alisio
veo a lo lejos un cabo que me da esperanza
meses de infierno atado a un desahuciado;
hemos cruzado el océano transportados
dentro de las vísceras de esta bestia gris,
nave, tu que penetras meandros exóticos
revélame el extraño verde como mío,
he de entregarme a esta zona liminar
en la que convergen ambos vientos,
un trozo de mí está en el harmatán
otro, un nuevo yo, resurge en los alisios.

*"El que quiera huir de la tormentosa
ola vital", me seguirá de buena gana
a la profundidad de los bosques, a
través de la inmensidad de las estepas
y a las altas cumbres de la cordillera
de los andes. A él se dirige el coro
que juzga el mundo.*

Alexander von Humboldt

Antípodas

Azotada sobre arcanos corsarios
como perro viejo eres lamida,
tierra que recoges de la roca
su valor oculto,
te visten las luchas de cal triste,
postes amañados al final del camino
como pájaros en la voz de quien invoca,
gruñen las aguas atlánticas,
la tempestad es pregón del indigente
un ocaso salino salido de la derrota.

Eres el sexo entre los trópicos
cada línea es un delta en mi memoria,
reptan hordas marinas en el epitelio
de tu sal desnuda,
y también eres un códice escrito
por piraguas que son cálamo,
pañuelo que la frente agradece,
habitada por todos los aromas
por todos los vientos construida.

Escondes el germen galopando,
verbo de lágrima primitiva,
las lianas se abren al avance
de un polizón con intemperie,
ardiente mochuelo crepuscular,
¿Qué ansias te sostienen?
un limo torcido alza su voz,
actúa ágil el serval de tu sexo,
y los seres desembocan en letras

como pequeños brotes del cerezo.

Allí convergen

Tierra, tu mano abre el curso
que profesa la esmeralda,
un racimo arde clandestino
en la mitad del trópico,
cada falange tuya es una sabana.

Canta el caricari con su voz antigua
el alfabeto geográfico de su ala honda,
verso surges de un promontorio
ejido entre restos de cuerpos
cuarenta grados a la sombra.

Zona orógena que nos habita
circulando cada día con su luz,
sobre un tañido verde revivimos
nacemos viejos tras una noche larga.

Nombres tallados que son tótems:
Meta, Júcar, Guadalquivir, Orinoco
sangre de emboscada y murmullo,
Caroní, Ebro, Sil, Atabapo, Genil,
nos aguarda la totalidad de su canto.

Y cada meandro nos muestra
las huellas del sendero sin recorrer,
entonces, vestidos de esperanza

entre vergeles, en cada labio de tu boca
nace un junco.

Cocotero en la costa quebrándose,
cañaveral reflejándose en las calderas
de su ingenio,
tu cara es un mascarón de proa.

Mar quejumbroso de hosco rugido,
la tumba de los ríos eres,
un epitafio de amantes que se cruzan,
una danta frotando su áspero pelo,
pedazos de sol acariciándome
en el centro de esta mina salvaje.

Cordillera

Vértebras de animal nocturno,
médula costera, espinal muelle,
turgente abecedario verde-gris
monólogo de raíces que miran,
era primera que abres del baúl
fibras terrestres y enlazadas.

Allí el mar acampa en su paz nívea
un lecho de moluscos se eleva,
cada ala del pelícano reclama
la savia agazapada del monte,
duele profundo el inquisidor azul
como fiera medrando sobre un
gemido nocturno.

Ferocidad de espacio diminuto
tierra y agua confluyendo solos,
genes estallando en farallones líquidos
habitando un viento aborigen,
la península de pelo erizado.

Espasmos del alba son olas bermejas
descolgando el labio de la orquídea,
el verde duele exuberante
en su trono de abundancia
y cada piel tostada lame en secreto
su cintura primitiva.

Santuario

Erupciona entre el Yo y el Ello
la península de aguafuerte,
tu endémica soledad ave añil,
un ser sólo en la cresta del peñasco
sostiene la vida en promontorios
de pan ondulante,
y la sal es un líquido azul
en los cascos de una bestia
estremecida a cada palmo,
por el roce de la espuma.

El viento arma su lenguaje
con las viejas latitudes marinas,
los Alisios desnudan el corazón
y cada punto es un destino incierto
signos de un alfabeto antiguo,
epitafio cuya tinta es el ron
de corsarios indolentes.

Horizonte vestido de riscos,
pequeño olimpo el Turimiquire,
calcáreos erizos delirantes
heridos por el sol y lacerados
en pleno vuelo del colibrí.

Meridianos donde el viento vive
derribando borrascas y avistan
los antiguos mástiles esos seres

apegados al verde útero que los nutre,
porque el pasado es un primogénito
entronizado en el lecho de algún dios.

Así el magma enjuaga y ocupa
el lugar donde se muerde la cola
un ser largo, hecho de meandros,
la boca que come otra boca,
anfisbena, uróboro, mar de leva:
quién sino yo bestia gregaria
construyo un minarete al pasado
para elevar la selva que me turba
para sentir sobre mí la noche verde,
el rito que se abre como un delta.

Selva húmeda

Nada,
tu que eres copla de mar
haces de la humedad estrofa,
en la cumbre dibujas un rumor de alarido,
eres hiedra y tus raíces filarmónicas
reinaron como jaguares eruptivos,
cincel de escolopendra sexual
traza la caricia sin deseo,
sobre un altar de hojarasca
en el dosel se arquea la rama
por el rumor hosco del quetzal.

El tiempo maduraba
sobre un cuerpo del légamo taciturno
cavidad botánica que continúa acechando
habitando el verbo, manantial del instante.

Es su canto un reducto de helechos
que acaricia mi alma de tierra anegada,
vestida con un racimo de sabores.

Noche atemporal,
un coro de líquenes empuñando estandartes
somos un círculo en el oráculo terrestre.

Trópicos

El trópico es el sexo de la tierra.
Miguel Ángel Asturias

Del rito, su orilla fecunda clama
un astrolabio nace, frena el viento,
ejes terrestres eclosionan
y así surgen los enigmas
latitudes de cáncer y capricornio.

Macaronesia que envía emisarios
sobre la explanada de las olas,
esos tótems se muestran como
frías raíces de tubérculo,
una bestia brama la batalla corpórea,
ocaso que oscurece las palmeras
éstas son dedos de un dios inmisericorde
que transcurre en el azar de sus actos.

Fecunda fruta de azul gastado
cada orilla es un lobo herido
prensado como se prensa la caña
al compás de su mosto delirante.

Trópicos bañados de espesa biología
cada eslabón es una isla emancipada,

patria de moluscos calcinados
soledad del cóndor que reposa
libando el sexo del volcán desnudo,
infiltradas cumbres por ecos y musáceas.

La oquedad que es tiempo detenido
en ella confluyen racimos de pájaros.

Átame a la tormenta y su latitud
en la hora última y secreta,
la ceiba es el minarete de un templo
que galopa ordenando espacios,
bajo mi sangre persiste la llave
el surgimiento de las soledades.

Manglar

Pitonisa que tejes corredores,
a través del agua tus raíces
hacen de puente entre mar y cielo:
son las doce y el medio día
en el trópico es como una niña
adormecida, inhala y exhala
al vaivén del marullo,
oxigenando riberas,
meciendo anémonas,
abrazando tímidos crustáceos,
extrañamente quieta la onda
es el rostro de un paraje ausente.

Su paz es la marisma donde
no existe un horizonte sólido,
emerge la materia su estado
singular,
y es la mano de esa niña
oleaje translúcido,
nota que prosigue en el graznido,
ave cautiva por la geometría
ebria por la espera
dibuja vórtices entre norte y sur;
abundancia no hay otra palabra
otra frase para decir adiós,
arrullos que la brisa proscribe
moldeando la mole de los montes.

En lo ancho de este espacio
flamencos son efigies rubicundas,
escaleras aladas que se erigen
hacía el sol —fatamorgana—
levitando entre bruma y espejismos.

Antes que todo, la sal fue vida
tendió su mano al mar
a las cinco de la tarde,
antes que nada, la vida echó raíces,
hizo puentes entre cielo y mar,
manglares de sombra y de crepúsculo;
dentro de una gota estamos
somos y existimos indiferentes,
cosmos que nutres tu misterio
es casi medianoche en el caribe.

Tierra

Aceptados reductos del barro,
intrépido dominio del légamo,
casa donde juegan volcanes
edades que están hechas,
el mundo se agolpa de repente
muestra su mano redonda
y del centro levita una frase,
algo que recuerda el verano.

Un cantar de marcha inquieta,
la frente preferida de la luna,
su fiera multitud de terciopelo,
instante, caminan las estaciones;
un candil se tuerce y hace acto,
racimo de sombras son frutales.

Ser quieto, averno humedecido,
colosales fuerzas temblando,
como bálsamo o guirnalda
esculpió la pesadez de los montes,
aún, nadie descifra la palabra,
los ritos son días impares rugiendo,
el magma que de la madre surge
insistente canto de las eras.

Oh diminuto mar, terrestre reino,
umbrío poseedor de la luz
allí se cruzan fuerzas dormidas,

alguien como tú se sienta y canta
agradece a la tierra y reconoce
esa extraña ansiedad corpórea,
cualidad de soportar los pies desnudos.

Minerales

Fue diseminada la mies del abismo,
los acordes en el ágora sonaron,
cristales emergieron de una patria pura:
surgió el Atlas tras un largo gemido
distribuyó su lengua de cancerbero
¿son las cavernas el útero del agua?
¿edifica el sedimento minaretes?
los minerales contienen las voces
por las que todos hablamos.

Estremecen la llamada del muecín
y un silencio surgido de los mismos
reúne la geología hiriente del Big Bang
en anagramas de seres primigenios.

No hay nada que no sea
mitad de piedra mitad relámpago
ni este corazón, por el fuego consumido
ni la brisa que cruza los valles del cosmos
para adentrarse en la cuenca de tus ojos:
solo el tiempo hace de la mirada
una estación construida
entre el fuego y el frío.

Magnitud física

Aves como parientes lejanos
lamen cada esquina calcinada,
el pistilo de la orquídea
asume la sangre
y el mundo irrumpe un vergel
con su verdad de trópico:
la geometría es un ópalo naciente
cuya brisa arremete contra el siglo
sobre un jamelgo quejumbroso,
su aroma recuerda la herrumbre
de esos sacos con elementos
en infinita actitud de jauría,
huyendo encima de sus naves
cayucos que iluminan el mar
espesas luciérnagas sin brillo.

La noche izó su bandera
sobre este puerto raquero
que surge del deseo de los otros,
el sudor de los cuerpos escribe
un himno miserable que hace acto.

Petróleo

Aceite de piedra, animal huraño
enema temible, centro del deseo,
emerges abyecto desde el hombre
desvistes sus instintos más errantes:
la mortaja del abismo y su oquedad
impulsa un fatuo sentido del deseo
a la sombra del que mira y el que expolia
dominados por vasallos huecos,
hombres humillando la tierra
apegados todos a mi cuerpo
como rémoras de infinito dolor,
trenzando la desdicha en un racimo.

La piel es un yermo páramo para habitar
y ellos se disponen como jirones
al viento,
labriegos sobre un légamo quemante
corroídos por la tortura y el miedo
aún sus ojos continúan desollando ríos
disecando lechos, a su paso
todo, todo es polvo.

Las grietas oscuras e insondables
arrullan tu sueño entre insomnes
presiones,
duermes apacible como una boa
infinita,

bestia hecha de brasas y peñascos,
haces crepitar los reinos distantes
desperdigando Ulises por la tierra.

Tórrido promontorio olvidado por Dios.

Agua

Coronada lámpara centinela,
¡la vida mil veces perfumada!
dame el peso de tu oquedad,
un alfil nocturno mueve las velas
levanta lo insomne de tu corriente
eres con tu peso de astro milenario
y continúas siendo más allá del acto.

Eres, existes y continúas, animas
cada estrofa del himno cuya letra
retorna como sangre del vergel,
aire que propaga el vendaval
azotando las cañas en plenilunio,
eslabones de almas con olor
a tierra rota.

Te muestras cual mochuelo nocturno
para hurgar entre valles y raíces.

Vienes en la onda que lame la costa
tu voz es una textura helada,
un instante elegido entre muchos
agitado por la frecuencia de las gotas
golpeando la proa con tu sello de mar.

Esa cualidad de bruma que solapa
los días comiéndose a sí mismos,
erige santuarios en el canto del mirlo

habitando cada recodo del bosque:
diseminada en cauces sinuosos
sembrada en los habitáculos
donde se aglutinan los tubérculos,
¿cómo no tenerte ceñida a la bromelia?
líquidos brazos acechando este mar
o avivando el periplo del riachuelo,
con tu gesto gris de tempestad:
eres el germen de las mil cosas
e inabarcable por la orografía,
pero también eres una lágrima
agolpada como un regimiento
en el ojo enrojecido del que canta
la canción escrita por los desterrados.

Vástago de las heladas cumbres,
tu cuerpo desemboca en arroyos
lamiendo caprichos geográficos,
tabernáculo de la sal que continúa
persistiendo como la luz de junio,
entre la pálida espuma debatida
sientes cada entraña como tuya.

Tu amor es un delta que se abre
en desmedido amor hacia los seres.

Como no celebrarte y detenerte:
en cada fosa que instituyes y tocas
en cada lengua que articula tu risa
en cada gota que aplaca la sed,
energizas el rito de la sangre
impulsas la savia en abundancia

percibiendo de la hoja cada pecíolo,
liban en ti todas las criaturas
las mismas que acuden y posees.

Nave, que adoptas de la manigua
su forma agazapada y silvestre
eres errante desde el ventisquero,
tus dedos manoseando maizales
sonríen a la prosodia de los riscos
y sorteando espacios en fuga
eres una gota sola nuevamente,
existes en cada estrofa líquida.

De nuevo,
la bruma es un archipiélago ocre
en medio del añil con tanta vastedad
—lugar íntimo—
gota de sudor surcando el sargazo
de un rostro Caribe curtido a pleno vacío.

Oruga

Joven en la vejez del universo
proclama su reino la oruga
grave y dúctil
como un haz de sombras,
temblorosa bajo el monzón
de mayo.

Acallada, ataviada de seda,
dedo con el cual el bosque
hace constar su holganza,
compite por la paz con la
cigarra:
desapegada y funcional
hospeda al crepúsculo
en un eterno día domingo
atrapado bajo su lienzo
asido de cortezas
restos de raíces y frutales.

El tiempo es un comensal
impaciente
envuelto en un ovillo,
el destino
un viaje hacia la nada,
entre ambas orillas
espera paciente la oruga
bailando al compás de la rada.

Tormenta

Estruendosos seres
reunidos en orfeón
son réquiems alados,
sortean el aire hosco
en lentas evasiones
de luz,
los dioses salen
de su morada cutre
a la postre del día.

Un bramido del mar
ciñe con rabia la costa,
no hay ave que anide
en la falda de los montes,
están volando en círculos
en infinito espiral hacia
la nada,
hasta una nube oscura
con boca de lamprea.

Rostro de la creación.

Clama el magma
(Macaronesia)

Centro de la tierra,
océano indecible,
apegadas a su curso
son una metrópolis
el tiempo y la ceniza,
acechando la nostalgia
como una boa a la rana.

Irrumpes crispada
sobre las afortunadas islas
forjando tierras nuevas,
mil veces calcinadas
habitadas por el fénix.

Archipiélago tatuado
con la tinta del magma,
de ti desciende
un abecedario
inscrito por la geología;
la roca canta
una antigua oda
sobre las líneas
del pentagrama atlántico.

¡Oh lujuria de los confines terrestres!

ALFARERO

I

Recoge el polvo

Allá su madre recoge
el polvo del tejado,
brumoso subsuelo
el de su mundo,
sediento con manos
y pies corroídos
saca la esperanza
aterida en el barro,
tras el jacal se oculta
la charca donde mana
una lágrima terrestre:
formas de la arcilla.

II

Argamasa

Descendían deslumbrantes
seres hechos de yuca,
sus manos aprendieron
oficios primigenios,
sus lenguas conjugaron
el verbo de una lengua muerta.

Los Caribe se mostraron
poblando riscos de arenisca,
domaron el aullido del acantilado
educaron los niños en la sal,
y sin saberlo profirieron caricias
a la oquedad de la tierra.

Esta materia surcaba el trueno
aproximando las antípodas
abriéndole paso a los trópicos
y sobre el lomo del viento
las tempestades atlánticas.

Así de entre los eones
emergió la argamasa,
confines que forman
espacios de la zona tórrida.

Emancipados del barro
un hombre y una mujer
reconocieron su morada,
en el centro de cada una
de las islas afortunadas.

III

Horno

Encubridor perdido,
preludio ardiente cuyas brasas
juntan sueños y metales,
desde tu pétrea concavidad
vas mostrando osadía,
desvistes y fundes inertes
materias alguna vez reunidas:
vigía que trenzas
el vacío delirante,
resguarda edades profanas,
bastimento que forja
razón y oficio del perseguido.

Se sometieron al capricho
de tu bóveda vital ardiente,
líneas turbias de los rostros,
sonrisas que hacen fruncir
un ceño de vasijas terrestres.

Así te hicieron las eras
cenital figura de la guerra:
¿Dónde amor, terror y lunas
juntadas en circuitos
entregaron cada célula
a las artes puras del fuego?

HOMBRES DE MAR

I

Esperan el aviso de los vientos
con barba pipa y botella espirituosa
cardúmenes azules son venas
emulando campos de batallas,
viejos edictos reales,
corsarios que lloran
sus casas muertas.

Establecen costumbres a orillas
de un mar sin fenecer,
donde la voz es menos que la sal
cada palabra un ovillo de aparejos,
tejiendo historias tormentas
y obeliscos hechos de sargazos.

II

Ni la delgada luz de los faroles,
ni el sueño apegado a sus entrañas,
dormidas yacen las desesperadas
islas blancas.

El camino las dejó sin habitar
un cardumen les conduce
al réquiem que precede
cada ocaso,
esa costa de brillos desidiosos
amarrados al jacal hecho de huesos.

Una mano en pos de otra,
donde viento y tempestad
castigan el costillar de la nave,
gritos que se traga la noche
lanzan amarras al vacío.

III

Bajo el mar los acantilados
neptúneos insondables,
aquel valle de secretos
de nácar y semillas abismales.

Los marinos dejan sin saberlo
pedazos del alma agonizando
bajo tristes redes abolladas;
del golfo su corriente a babor
ruido acre del mar tañe deseos,
tras corales una anémona crece
es una puerta hacia dónde,
guayas torcidas sostienen
un lecho de mitologicas gavias,
allí anidan, se hunden, vuelan
crispadas batallas que nadan
a oscuras sin poder ver la orilla.

IV

Eran los muelles
una cuna de herrumbre,
esa paz mencionada a tientas,
ojos abrumados esperando,
cierzo que trajo consigo
trazas de hielos boreales.

Piraguas arrastran pesadas
últimas estelas de agua,
dejan detrás la agonía
en botijos de un ron aparente,
oh desdicha de pez que sucumbe
alegoría inscrita en bruma marina,
ellos son ahora más hombres
y tal vez menos humanos.

EL RÚSTICO

I

Canto e´gallo

Posterior al génesis de los días,
está el gallo, ave numismática,
oficiador perenne de las lejanías
adulador brioso del astro rey,
fue al galope de los vientos
del chubasco escanciador;
tu pico es un diamante que anuncia
toscas labores y quehaceres.

Posterior al tiempo te disipas
como al arpa sus pesadas notas,
alférez del terreno, mascarón de proa
tu barco es un viejo madero,
centellas con tu grito el altiplano,
te divisan nostalgias andariegas,
profesas el amor de ojos amarillos.

Percutes tus alas como gatillo,
al cielo va la salva de tu alegría.

Muestras con devoción un nuevo día.

II

Sancocho

De pie bajo las deciduas hojas
un olimpo crujiendo entre segundos,
buganvillas diminutas son corrientes
templando noches al calor de su fragua.

Nadie faltó a la misa sumergida,
anodinos tubérculos festejando
sin pudor su antigua desnudez,
su arrobo lleno de ansias
su entrega al mar ardiente.

Hombre y hambre convergieron
como aguas de un delta extraño.

Acabó la hora de azadones,
quedando atrás y vencidas
gotas de sudor amalgamadas
sobre el peso del labriego,
inmerso en la azarosa empresa
de su paz gastronómica,
rito innumerable de eras repetidas
regalo ofrecido por indolentes dioses.

Seres del maíz.

III

La bestia

Sus patas fueron raíces,
lenguas designadas al tiempo
tirando la cuadriga del sol.

Vital enigma de tus belfos
brotan helechos desiguales
conjugando discursos
de escopeta y de pólvora.

Noble, primitiva, son tus adjetivos,
eres pura como hambre genuina,
eres pan repartido en treinta platos.

La tempestad forjó tu crin
como el fuego a la espada,
y tus ojos son un templo
que sujetó mi corazón
agonizante.

Quimera trovadora de voces
sucedes a pesar de todo,
entonas un clamor de selva
tiempo vernáculo, primordial.

El vaho que al viento elevas
edifica la espesura del monte,
berreas jadeando los caminos,
apaciguas cada paso del verano
bendita bestia entre todas.

CACAOTERO

I

Fruta dulce

Sobre mapas hechos de arenisca
cantó la cigarra eras y segundos,
mostró la intimidad del abejorro
ironía de una lengua y su pistilo.

Lábil delicia de enjambre libando
eres del mundo razón oculta,
miel ondulante en alabanza
que la furia fría del machete
evitas;
precedes al canto de la torcaza
la umbra es tu vientre predilecto
contienes un sabor quejumbroso,
como judas atemporal un hombre
sucio, espera su mísero jornal.

II

Oficio

Tiempo rozando hojas delgadas,
durante algunos años la paz
fue un fruto destilando su licor.

La fronda era un telón decimonónico
un entablar coloquios con el río
o el riachuelo,
cómo no volver sobre la roca
aquellos pasos recorridos.

Un cacaotal es el lugar donde
convergen el alma y la metralla,
un mar atemporal de bayas
una colmena cuyos ecos zumban
en los recodos del lodazal;
aquí no hay sosiego justo,
no habita la palabra dignidad
a puro sol cortando juncos
fue este, mi tiempo y mi destino.

Árboles que sostuvieron imperios
pilares sin atlas que los soporte,
aún oigo el ritmo con que reclaman
el tiempo fatigado de los rústicos;
manigua, ser hecho de ocasos,
manigua, manigua como olvidar
aquel aciago instante
besándonos como dos locos, la frente.

III

Fermento

Cargando fruta desde abajo,
ritmos de agricultura heroica
exuda la fragancia que lleva
cada haba en su orbe dulce,
y la mano ennegrecida
ordeña un mosto extraño
cepas vernáculas que habitan
meandros de la zona tórrida.

Legiones de transcursos necesarios
afrontan con ritmo la batalla,
un cajón de cedro americano
(Cedrela odorata)
camposanto a la espera
de su resurrección.

Y los huraños oficios de la levadura
preñan el fermento con ardor de amante,
bulle como lo expuesto al trópico
cada estrella o semilla de olor acre,
superficie de otro mundo estelar,
densidades que emulan el averno;
Prometeo es un haba entregada
al castigo crepuscular, indolente Zeus.

CHACALES

I

Niños al mar

Todos saben y comentan
un grito a voces manifiesto,
infantes de carne dolorida
como «cabezas de turco»;
se adentran desidiosos
en busca de valijas,
flotando a la deriva en alta mar.

Las madres paren sus crías grises
alimentadas por el sereno blanco,
sus vientres sufren de letargo;
(Physalia physalis)
fragata portuguesa, que inflige
un escozor de niñez desollada.

En un instante lleno de escorbuto
parten los niños al apagarse el sol,
nadie les detiene solo la caricia
del escarceo marino recordando
días de nanas y arrullos trasnochados.
Ciegos como legión dispuesta

al matadero,
emisarios hoscos de los carniceros
ni su pueblo, ni sus casas, ni la tierra
les ampara,
buscan la droga que los demás
disfrutan,
agredidos por la necesidad nefasta.

Están inertes, solo la brisa del mar
acaricia su pobre rostro simple.

II

Busca el botín

De la escoria un erial,
pantanos desolados.

Hogares relamidos entre
ocasiones siniestras,
permitiendo gestiones
nauseabundas.

Solo la noche aciaga
tildada de culpables,
pasos repetidos sobre
montones de escombros
—epifanía del papel moneda—.

Heridos de metralla
proscriben densidades
oscuras,
esgrimiendo rituales
como actos insomnes.

El asco decretó tener
cabida entre ellos,
lacayos que hacen guaridas
sobre las casas muertas.

III

Hambre

Estas latitudes son las entrañas
de un paralelo podrido,
rostro asqueado por su cara de cárcel;
cómo se retiene y precipita el odio
entre cuerpos tiritando de frío,
duele el hambre, excreta hiel y sangre.

Camina por atroces escenarios,
heredando pieles muertas
allí nada resurge nada prospera,
todo es un material soterrado.

Hambre oscura fagocitando
un ser, reflejo del espejo,
lacerándose los labios
eternamente,
hasta pactar con la sed.

IV

Papeles muertos

Era un paisaje lunar la corbata horrenda
del señor notario, orfandad e injusticia,
jacal en el que habitó;
contratos y escrituras esquilmando
la honra de gente despojada,
seres postergando su humanidad.

La oficina era un firmamento
obscuro, obscuro, obscuro
con muros de papeles tras de sí,
lúgubres señoras barnizadas
cruzando de una isla a otra
buscando aprobación del prefecto.

Un puerto raquero decimonónico
que, a cada instante, por su mugre
por su abyecta desidia, se hacía
más Congo, más Stone Town,
un Zanzíbar esclavista
en pleno siglo veintiuno.

Pensaba que el aroma a opio
en las filas del Vietcong
les sostenía el coraje

antes de soportar batalla,
inmersos en una alcantarilla
anegada de ratas,
a veces más justas y humanas
que los hombres de corbata.

Enlutados archivos deseaban
que sus papeles no fueran
escondidos de esas manos.

Seres vencidos, anulados,
aún vienen a por ellos.

La península

I

Travesía

La patria grande se empezó a dibujar,
atrás había quedado la ergástula
con sus días agolpados,
un mirlo es un emisario.

Era el cuerpo la tierra inflamada
con los incendios que cada junio
recuerda,
—mano crispada del verano—,
con su ira neptúnea
sobre herbazales
aún se escuchan
transitar azadones cansinos;
al ritmo se añaden imágenes
como las que filmó Benacerraf
pero esta vez no era la sal,
eran las voces que clamaba áfrica,
aún corría entre los cañaverales,
esa sangre es un delta que se abrió
entregándose al caudal del amerindio.
La ergástula había quedado detrás,
esos cargueros llenos de petróleo
dejaban sus bocinas resonando
entre las playas muertas.

II

A lo lejos

La luz se fue haciendo un camino,
—polvo atrapado en el Libro de Horas—
desemboca en pinceladas de Bellerman,
cada paso estaba hecho del paisaje,
nosotros quedamos relegados
a la deriva en la selva delirante,
porque la vida es más que senderos
arrabales bifurcándose en gerundio,
hecha de ríos, de cauces, de peñascos
en los que un joven mochuelo habita:
y la lágrima nos muestra su periplo
desde las fuentes del río tributario
cada gota arrojada es un vendaval.

Juan Guerrero Fraile

Periodista, fotógrafo y productor audiovisual hispanovenezolano. Ha trabajado como fotógrafo y redactor en medios digitales e impresos, destacándose como guionista en la serie "Paralelo 10°" (2013), transmitida en México y España, y como cronista de viaje para la revista *Estampas*. Su obra fotográfica *Voces del Vacío* (2008) fue premiada en la IV Bienal de Fotografía Daniela Chappard y reseñada en el libro *70 años de fotoperiodismo en Venezuela* (2011). Como productor cinematográfico, su cortometraje *El Pozo* (2023) fue finalista en el ARFF Barcelona e incluido en el Catalogue Film Corner del Festival de Cannes. Actualmente, dirige Triangle Estudio, una productora audiovisual con sede en Madrid, España.

Fuentes del Río Tributario, su primer poemario, destaca su faceta literaria y su evolución artística a lo largo de su carrera.

Índice

Esta edición de ©*Fuentes del Río Tributario*, de Juan Guerrero Fraile, fue diseñado por Editorial Lector Cómplice, en Caracas, en julio del 2024. En su composición se emplearon tipos de la familia Times New Roman.

www.ingramcontent.com/pod-product-compliance
Lightning Source LLC
Chambersburg PA
CBHW051447140726
47987CB00006B/2580